Y AL DÍA SIGUIENTE VOLVER A COMENZAR

VÍCTOR ALBA DE LA VEGA (San José, 1971)

Estudió Filosofía en la Universidad de Costa Rica. Por casi veinte años ha trabajado como traductor independiente. Es coautor y editor de *Las reglas en juego: Algunas relaciones entre filosofía y literatura* (Perro Azul/Arlekín, 2003). Ha publicado la novela *La ausencia del mal* (Lanzallamas, 2013) y una recopilación de artículos periodísticos y otros textos en *El cuento de uno mismo* (EUCR, 2009).

VÍCTOR ALBA DE LA VEGA

Y AL DÍA SIGUIENTE VOLVER A COMENZAR

(UN MANIFIESTO ÍNF/TIMO)

Alba de la Vega, Víctor

Y al día siguiente volver a comenzar / Víctor Alba de la Vega. -1ª ed. – San José: Encino Ediciones, 2022.

156 p.; 21x14 cm.

ISBN 978-9930-581-36-0

1. Poesía. 2. Literatura costarricense. I. Título.

© Víctor Alba de la Vega

© de esta edición, Encino Ediciones, 2022
San José, Costa Rica
encinoediciones@gmail.com

Portada: Noelia Esquivel

ISBN 978-9930-581-36-0

Primera edición, 2022
Primera reimpresión, 2024

*A Inti Barrantes, con gratitud,
por haberme enseñado a contentar a Sísifo.*

El hombre moderno está hambriento de vida.

ERICH FROMM

Estas cosas hacen sufrir, pero el sufrimiento pasa. Si la vida, que es todo, pasa, ¿por qué no han de pasar el amor y el dolor, y todas las demás cosas, que no son más que partes de la vida?

FERNANDO PESSOA

Soy un tal Víctor que debió haber sido trotamundos
que debió haber sido escritor que debió haber sido
chef que debió haber sido físico que debió haber
sido *short-stop* de los Yankees que debió haber
sido antropólogo y que ha sido un tal Víctor como
Machado: "poeta ayer y hoy triste y pobre filósofo
trasnochado".

entropía 1 – el pasado

Y hablar.
Uno se pregunta para qué.

Cuando mi perro tiene hambre rasca con su pata.

Y la lluvia. El calor. Marasmundo.
Espectáculo mudo de metáforas.

Y leer.
Y contar.
Los libros en los estantes.
Los lápices de colores. Los días.

                                        zombi

Y al extremo de la habitación: la cama. Desahuciada.

El vicio del pasado.

Y el timbre.
Abrir la puerta.
El vecino. Su rostro aborregado.
Y verse obligado a conversar —después de todo, uno
es humano—. "Con todo gusto, con todo gusto".

Y subir las escaleras mansamente.
Mirarse en el espejo. Irreconocerse.
Haberle sonreído al vecino.
"Con todo gusto".

Y ceder otra vez.
Saberse enfermo.
Rever fotografías.

Y tratar de desconocer esos rostros amados
enemigos.

A veces, llorar.
Aunque cada día menos.
O martillarse las sienes.

O masturbarse.
Aunque cada día menos.

Recordar las tardes de sol entre sus piernas.

Añorar adjetivos precisos: suyos.

Y reducir la respiración.
A un soplo.

Leer la historia propia en mil libros. Y saberse una
repetición retrógrada. Casi: una tradición.

Perder la "capacidad de asombro".
Ya no soportar leer novelas. Ni ver películas.
Y anunciárselo a nadie. Al espacio.
No vacío sino lleno de unomismo.

La humanización del trigo.
Árboles convertidos en canoas.
Ab origine. Las grandes migraciones.
Batangas. Humano errante.

Por ejemplo: la expansión austronesia desde Taiwán
a Madagascar e Isla de Pascua.

(Los documentales y la divulgación científica son lo
único medianamente aceptable).

Catalogar datos:
Los polinesios llegaron a América cientos de años
antes que Colón. Y los noruegos.

En América hubo caballos antes de los españoles. Y marsupiales.

Mis intestinos tienen más bacterias que la Vía Láctea estrellas. (Yo soy yo y mis microbios).

Líquenes: ni individuos ni colectividades, sino organismos simbióticos que actúan como unidad.

Henry Ford era antisemita y apoyó financieramente a Hitler.

Y hasta entrada la Edad Media nadie había conseguido domesticar las fresas.

(Las fresas pueden reproducirse sexual o asexualmente y algunas son hermafroditas y otras no. Ocurrencias evolutivas. O los pececitos payaso, cuyos machos, en caso de necesidad, se transforman en hembras).

La vida es inexplicable en términos de individuos.
(Unomismo como mitología).

Holobiontes. Simbiorganismos. La naturaleza
aborrece más los binarismos que el vacío.

Inadvertir el tiempo.

Menguar el pensamiento.
Ahorrarlo todo: el dinero, la gramática, el
desodorante.

Guillotinar los cigarros por la mitad y verter cada día
unos mililitros menos en la copita de vino.

Y no volver a "trabajar". Seguir vivo hasta agotar
las bolsas de arroz, el pan, las latas de atún y de
garbanzos. Aprender a vivir sin uvas, sin prosciutto;
luego sin apio ni cebollas.

Fumarse el hambre.
Comer agua.
Hasta que corten el agua.

Acabar páginas como años.
Y vivir sin sexo. Sin nadie. Sin hijos ni mascotas. Ni
siquiera fantasmas. Anarcoreta.

Y soñar despierto y vivir dormido y confundirlo todo:
el cuerpo, las ideas, mis manos, su lengua, las suyas,
pretéritas, el día, lo real, la luz, la noche, fantasías,
el recuerdo, el miedo, el apetito, el ansia. La vida y la
muerte.

Y oírse decir las mismas quejas.
En voz alta para nadie.

Y acostumbrarse a las mismas quejas y llegar a
celebrarlas: pequeños rituales de semimuertes
cotidianas.

Y hartarse y deshojar las mismas quejas y oírse
decir quejas nuevas. Y repetirlas y repetirlas hasta
hacerlas, de nuevo, otrasmismas.

Embobarse y festejar la hipocondría.

Y hartarse de tanta tragicomedia solitaria.

Hartarse.
Hartarse.
Hartarse.

Y al recuperarse —tras siglos en vilo— imaginar un
catálogo de miniaturas. Brevísimos trazos. Apenas.
Destellos. Palabras mínimas: las necesarias.

Troquelar puntas o roces. Caricias roseabundas
y aditamentos y parafernalias del misántropo
vagabundo. Matices desubicados. Aturquesado,
por decir. O hacer parábolas noctámbulas y
analogías arbitrarias. Tequila. Vagina. Café. Labios
entreabiertos. Humedad. Tibieza.

Su vientrecielo aturquesado.

O bien:
Palabras que hablaran de uno mismo como si
unomismo fuera la humanidad: nosotros.

(¿El único ser con consciencia de su especie como
totalidad?)

Luego contar papeles.
Caracteres con espacios.
Contar sinsentidos y exabruptos.
Los libros del estante blanco. Los bolígrafos.
Y contar los minutos alegres y las jornadas de
aflicción.
Contar días y frijoles y sonrisas.
Los cuadernos escritos.
Contar del uno al once.

O los primitivos años juveniles.
Y la sed. Los amaneceres nublados.
La incoherencia de las habitaciones vacías.
Las hormigas en el pan.
Las patas de la araña en mi romero.
Los lunares del brazo izquierdo.
Los vellos en los meñiques...

Contar lo consabido y contar con lo ignorado. Hacer
matemáticas inútiles en cada respiro.
Dar un paso. Dos. Cuatro. Ocho, y saltar
exponencialmente al vacío.

Solo importa la obra.
Lo demás es tramitología.

A todo programa
siempre ya
lo habrá excedido una gramática.

El programa requiere la gramática; pero no puede
agotarla ni completarla.

El programa es una línea entre un punto A y un
punto B.

La gramática es el laberinto formado por todas las
líneas posibles y sus reglas de formación.

Y hay reglas y anomalías.

Y pueden existir gramáticas que no deriven en
programas.

Golpecitos contra el vidrio: un rostro desbastado.
Unomismo quisiera acariciarlo.

Una ruina.
Como uno de esos bustos antiguos recuperados
del fondo de la tierra y del olvido, sin nariz o boca,
colgados en la pared del museo tal o cual.

Y hablar.
Metafóricamente, claro, para no destruir a nadie.

Hablar en cámara lenta.
Disimular el hartazgo.

Y recordar sus manos, sus dedos largos. Y su cuello
delgadísimo. Sus ojos, semicerrados al dormir,
como un cachorro. Y su sonrisa aviesa. (O mejor:
asimétrica).

Recordarlo todo. La furia. Los paréntesis de
voluptuosidad. La indolencia. Las traiciones.

Convertirse unomismo en una memoria de acceso
aleatotalitario.

Recordar también la rabia y la emergencia del odio.
La estupidez de los vivos inertes.

(La memoria: incentivo para la autodepredación).

Disciplina vespertina. Sísifo masoquista.

Y avanzar condenando puertas. Aquí y allá: lo mismo.
Porque siempre hay puertas: a veces transparentes e
impasables. O velos.

¡Y la belleza, ubicua, la belleza entrecubierta!

Y soñar la posibilidad de otro ritmo.
Imaginar versos quirúrgicos. Llanos. Pragmáticos.

Palabras lanzadas como puñaladas de agua.
Pañuelos contra cuerpos de ceniza.

Una literapiatura de mantenimiento.

Y el reconocimiento o la afirmación —una suerte de
fe— de la inviabilidad de una cura definitiva.

Y escucharse en el papel especular, y seguir,
adelante, solo si repiquetea, el ritmo, uno, dos, dos,
uno... *Quick, slow; quick quick, slow...* Pero no saber
bailar.

Usar las palabras como segundos.
Los papeles como relojes.
Ser árbitro del tiempo.

Y alcanzar otra vez la noche, otra noche, evaporada
entre botellas y ceniceros y fantasmías.

Y la soledad tambaleante y otro amanecer y *no querer*
tener esperanza. Y entonces, de todos modos, querer
algo.

Y resistir: como si esta rebeldía tuviese sentido.
Y saber que da igual.

Y seguir.

Los paisajes compartidos.
Diez mil veces sentados juntos a la mesa.
Los apodos privados. Las voces mimadas.
Caminar en silencio. Intuirse. Mirarse.
Conocerse. Desconocerse.
Reconocerse.

Olvidar que somos mortales.

Y recordarlo.

La Tierra es una esquirla cósmica.
La vida, una improbabilidad química.

Y yo: solo una ventana de asombro.

La sociedad entre personas sería imposible sin algún
grado de mentira. Los demás animales no mienten y
se matan tranquilamente unos a otros. Es cierto que
disimulan y engañan, pero solo para reproducirse y
comer y defenderse mejor. El venadito no acusa a la
leona de inmoral: simplemente huye si la tiene cerca.

La vida es un desfile de muertos.
Y solo hay un instante de lucidez.
Que pasa

    así.

Si aceptamos el imperio del tiempo siempre sobrarán razones para todo: callarse, argüir, aborrecer, repetir, avanzar, olvidar, rendirse...

Pero tras todas las razones late la locura: la geológica amígdala de unomismo decide en arrebatos que *luego* llena la razón.

Dibujar rostros en tragaluces.
Recrear cuerpos en la fila del tren.
Soñar despierto el olvido.
Olvidar dormido los sueños.

Las fábulas de la memoria.
Vaciar la inmediatez.

Vivir anclado. Y la vida es el mar.
O morir en vida, como dicen. Estacionario.

Mirar paredes. Liquidar trámites.
Monologar. Sonambulear a la deriva.

Preguntarse qué estará haciendo unomismo en otros
universos. O en cuántos existirá. Y novelar maneras
de comunicarse con esos otrosmismos que son y no
son unomismo.

Indigestarse por leer teorías cuánticas que
unomismo no entiende. Y presentir que en otros
universos unotromismo sí las entiende. O las
produce.

Escribir avergonzado en un rincón.
Sentirse muy viejo para "darse a conocer".
Y sentirse muy joven para renunciar.
No encontrar el coraje de la indiferencia.
Y callar ante unomismo.

Ver la historia cabalgar por las páginas del diario. O
la pseudohistoria.

Y saber del mundo: sus patrones de ruina y sus
chispazos de gloria. (Por ejemplo: Trump *versus* Black
Lives Matter).

Y no hacer nada y querer hacer algo: siempre,
siempre, siempre querer.

En la cocina de la tía, en el baño del bar, en el medio
tiempo del partido, escribir otra vez cualquier
tontería ("en la cocina de la tía...") y volver a escribir
siempre como si escribir fuera vivir y vivir fuera
pensar y solo poder pensar con un lápiz en la mano.

Masturbación sin sexo. Inhibida mente. En el medio
tiempo. A mano. Con un lápiz en la mano.

¿Vivir es vivir si no dejamos una sola huella?

"¿El sentido de la vida es necesariamente cursi?" (En una servilleta, en el baño del bar).

Ay.

Caminar en el aire. Limbo de impotencia.
Mis huellas: ¿las verá alguien?

Blablablá

En alguno de todos los universos no existo solo.
En otra infinidad no existo del todo. Y en otro soy
tan escarabajo como Samsa. O tan luciferino como
Kafka.

Y en cada universo solo hay un universo verdadero.

luciérnaga

Me quedará para siempre su alborozo.
Su mirada iluminada iluminante.
Sus danzas porfiadas — ¡luciérnaga loca!

Me quedará, quiero decir, el *recuerdo* de su
resplandor — y del óvalo de su rostro: feroz feérico y,
para mí, a todas luces, o sin luces: en la noche de los
cuerpos — perfecto como su cintura perfecta.

Me quedará el recuerdo del sueño que soñamos
juntos. Las fotos y los mil juegos con nuestra jauría
tricolor. Y los viajes a desiertos infinitos.

Es decir, aparte de literatura,
de ella no me quedará nada.

Su voz era un tren de vagones interminables.
Y su mirada, tanto invitación como escarmiento.

Yo me alimentaba de sus caderas.
Y me ahogaba en su risa bárbara.

Hoy agonizo.

Nado, todavía, es cierto,
pero el aliento se acaba
como la tarde soñolienta.

La extraño como un inmortal extrañaría
la posibilidad de morir.

Sigo aquí. Podría hablar. Sé que tengo rostro y labios.
Pero tenerse solo a sí mismo es no *tener* nada.

Vendrá la muerte y tendrá tus ojos, escribió, suicida,
Pavese.

En la habitación, ninguna luz ilumina mis ojos.
Su retrato, flamenca espigada, colgado aún, es mi
epitafio.

Ya no lloran los perros para sacarla del cuarto
cerrado.

Y amanece, a diario, en el vasito,
solo un cepillo de dientes.

soledad

con el cielo gris
          quiero llorar
                    y llueve

con el cielo azul
          quiero reír
                    y cantan los pájaros

con el cielo negro
          quiero querer

infinitivos

Por el aire, libélulas, hojas sueltas, vuela una
confabulación de infinitivos.

Están en huelga, fiesta o desarticulación.
Sin discursos solemnes. Sin consignas.

Sin fe.
Acciones directas.
Consecuencialismo.

                              invitar
                 reír
        hacer
                      gozar
            dar
                              discurrir
            preferir
                                  convocar
        sugerir
                          intentar
            embelesar
                argumentar

                                  incitar

O acuñar palabras como si fuesen mundos.
Y habitarlos como si fuesen casas.

carnalcarente

solitarismo

alegreluble

transhumano

Nos.

Percibir.
Mi mirada en otros.

El azar de la brisa en el rostro.
Las nubes menudas desarmándose en el cielo.
El vaivén del mar. Sus abismos.
El sinfín del universo.
Los acantilados. Los ríos.
Los surcos geológicos en las piedras del mundo.
Las migraciones por el hielo y los desiertos.
La temeridad. La aventura. Los pioneros.
El brillo del deseo en ojos extraños.

El enigma del tiempo.
El conocimiento. La intuición.
Los consuelos de la fe.
Las vetustas secuoyas.
El colibrí de flor en flor.
Las bacterias. Los invertebrados.
Los mamíferos. Los *cyborgs*.

La imaginación.
La emergencia de la justicia.
Los fracasos. El sufrimiento.
Los aprendizajes. Los sueños.
La ficción. Las danzas y los rituales.
Los tabús. Las modas.

Proteger a los nuestros y odiar a los otros.
Identificarnos. Agruparnos. Cerrar filas. Y saberlo:
darnos cuenta de que nos damos cuenta.

Consciencia.

Y dar la mano.
Recibir abrazos y regalos.
Crear. Intercambiar. Compartir.

Pensar. Y pensar mejor.
Actuar y actuar mejor.
Amar entonces a propios e impropios.
Perdonar lo imperdonable y recomenzar.
Querer el fin de todas las discriminaciones.
Recombinar dicotomías en tríadas o cuartetos o
enetetos.

Cuidar las plantas y los animales y los sistemas
solares. Dejarse aplastar de gozo por la
noche estrellada. Sentir lo que sienten otros:
entrecerebrarse.

Y saltar, naturalmente, de la naturaleza.
Autocrearnos. Autoorganizarnos.

Y seguir viviendo humanos transhumanos.

                            Sin dioses ni amos.

           Nosotros sin ellos.

sublimar

Placeres de unomismo:

   lectura   comida
vínculos sexoafectivos
        escritura
             aventura

  viaje

O bien:
                  inteligencia
 belleza   orgasmo
   creación
          ternura
             humor

Y tener tan poco.
Trabajar. Respirar. Trabajar.

Sublimarlo, entonces, todo, hasta el sinsentido de la
vida. Embrutecerse para sobrevivir. Sobrevivir para
sobrevivir más.

Y trabajar. Respirar. Trabajar.

(Trabajar quiere decir perder la vida ganando el
dinero suficiente para sobrevivir en lugar de ocupar
el tiempo creando algo para unomismo y otras
personas: afectos y obras).

¡Tan difícil que la vida llegue a renunciar a sí misma
en alguien!

(¿El único milagro en este soplo de piedra perdido en
un bracito de una galaxia cualquiera?)

Asumirnos como somos: prácticamente, nada, y potencialmente sin límites.

Llorar en una pausa del trabajo de mierda. Saberse puto como el noventa y nueve por ciento de colegas zombis. Y saber inversamente que el placer es el sentido de sí mismo. Y no entender por qué algunas personas necesitan coartadas para el placer. Una promesa de "para siempre", por ejemplo. O primero hacerse ricas. Como si todas pudiéramos hacernos en lugar de nacer ganando (o perdiendo) en la lotería del nacimiento. Economía de libre movimiento de capitales y de esclavos humanos clavados al suelo.

(El Capital salta feliz de la vida sin ataduras
geográficas, adonde le caliente más el sol, mientras la
equidad y la justicia, sin pasaportes ni visas, atadas a
pedazos apropiados de tierra, lo miran suspirantes y
flácidas).

Y la consolación de un paraíso *post mortem*.

Benditos los economistas y sus manos invisibles y
sus agentes racionales porque de ellos es el reino del
infierno en este mundo.

sapiens^2

Decidir a espaldas de la consciencia:
unomismo es testigo de sus propias decisiones.

(Las razones son esas invitadas que siempre llegan
tarde a la fiesta).

Unomismo vive siempre atrasado de sí mismo.
Sus automatismos neurofisiológicos calculan y
predicen sin pausa.

Unomismo es tanto su serotonina y su dopamina
(o falta de) como sus condiciones materiales de
existencia (o falta de).

Si unomismo fuese solo su consciencia no sería
sapiens^2.

O bien:
No decide unomismo, sino la historia de unomismo
en la historia del mundo.

Unomismo soy yo y *sus* automatismos velados. Un
resumen estadístico de sus experiencias pasadas.
Dentro de un marco impuesto sin mi consentimiento.
Y glándulas y secreciones. Resultados adaptativos
milenarios y millones de conceptos: sobre las capas
neuroquímicas otras capas sociopolíticas. E ida y
vuelta.

Somos

hambre y amor y sueño
espacio y movimiento
ingenieros y místicos
cazadores y agricultores
asesinos y violadores en serie
santos y guerreros
atorrantes paleolíticos y exploradores de Marte
madres y cachorros
egoísmo y empatía
promesas y deslealtades
selección natural y seguro social
cooperadores y competidores
semen y preservativos
Iglesia y Comuna
junglas y escuelas
brutalidad y justicia
depredación y utopía
crueldad y solidaridad
mitos y teleología

don y capital
presente y porvenir
peste y medicina
Estado y anarquismo
ciencia e ideología
programas y gramáticas
conformismo y rebelión
microorganismos y teologías
tribales y cosmopolitas

Siempre una frontera
y rompedores de fronteras.

Somos primos de lombrices
y soñadores de ángeles.

Somos nuestros propios dioses
y nuestros propios hijos.

trans/formaciones 1 – reevolución

*A pesar de que nuestros estudios han sido tan
diferentes, creo que ambos hemos deseado,
con tenacidad, extender el conocimiento, y, a
la postre, esto colaborará con la felicidad del
género humano.*

[Carta de Darwin a Marx agradeciéndole
el envío de un ejemplar de la segunda
edición alemana de *Das Kapital*]

1.
Ensayar anversos y reversos,
versos y transversos.

Alquimia nerviosa:
traducir vísceras a ideas
e ideas a acciones.

2.
El cerebro comienza en el estómago.
La cebolleta raciocinante humana también es
bacteria y gusano y rata.

Algoritmos impersonales producen la complejidad de la vida. No hay necesidad de un superdiseñador inteligentísimo para explicarnos. Los dioses nos ayudaron a sobrevivir en tiempos de penuria e ignorancia. Y a expandirnos y colonizar la Tierra. Hoy solo estorban.

Laplace: "Esa hipótesis no es necesaria, Señor Napoleón".

El genio de Charles Robert Darwin: Transmisión. Variación. Selección.

3.

Sapiens[2] no es ni posnatural ni sobrenatural, simplemente una improbabilidad. Y no por su racionalidad, sino por la complejidad de sus órdenes imaginarios y su habilidad para aprenderlos y enseñarlos socialmente.

Crear colaborativamente y trasmitir lo aprendido de generación en generación.

Así inventamos arcos y flechas. La cerveza. El queso y la tolerancia a la lactosa. Reyes y regicidas y tribunales. La eutanasia. Los métodos anticonceptivos. Y seguimos imaginando, entre borrones y falsos comienzos y retrocesos, la justicia.

4.

Un tigre es un tigre es un tigre. Pero humano es
Pol Pot es da Vinci es cualquier hijo de vecino. O el
cyborg que seremos mañana.

Novedad: animales capaces de transformar
deliberadamente su propia animalidad. Para bien y
para mal. O más allá del bien y del mal.

5.

Kropotkin: en la lista darwiniana faltó la cooperación.
Sobrevivimos el temporal de los eones porque somos
gregarios y mutualistas.

6.

Coevolución genética y cultural: automatismos
genéticos y flexibilidades culturales. No hay, por un
lado, evolución biológica, y por otro, historia. (Con un
salto en medio). Hay continuidad y complejidad.

Quimeras humanoides:
Ciencias sociales sin biología.
Ciencias biológicas sin sociedad.

Somos una técnica natural.
Somos, por naturaleza, transnaturales.

La cultura es un producto biológico y viceversa.

7.
Plantear una norma mínima de arranque:
no dejarse tentar por elecciones innecesarias.

Como si estuviéramos siempre obligados a elegir

uno
entre dos extremos.

Por ejemplo, entre Darwin y Marx (o sus respectivas
academias).

> *No hay absolutamente ninguna contradicción*
> *entre el marxismo y el darwinismo.*
>
> [EDWARD AVELING, biólogo, socialista, yerno
> de Marx y una de las pocas personas que los
> conoció a ambos. Aunque por algunos años
> vivieron en Londres a 30 km de distancia, ellos
> nunca se conocieron personalmente]

¿Podrían, hoy, juntos, esos dos viejos Carlos
londinenses mundializar el mundo contra la
globalización del globo?

Unomismo no se inclina a uno ni al otro ni, mucho
menos, a sus respectivas cooptaciones (uno por los
Gordon Gecko del capitalismo, el otro por los Stalin
del estalinismo), sino al tercero excluido:

Mijaíl Bakunin:

"Así, desde cualquier parte que se examine esta cuestión, se llega siempre al mismo triste resultado: al gobierno de la inmensa mayoría de masas del pueblo por una minoría privilegiada. Pero esa minoría —nos dicen los marxistas— estará compuesta por trabajadores. Sí, por antiguos trabajadores, quizá, pero que en cuanto se conviertan en representantes o gobernantes del pueblo cesarán de ser trabajadores y, desde las alturas del Estado, empezarán a mirar con desprecio el mundo común de los trabajadores. Desde ese momento, ya no representarán al pueblo sino a sí mismos y a sus pretensiones de querer gobernar al pueblo. Quien quiera dudar de ello no sabe nada de la naturaleza humana".

De izquierdas o derechas o centros indescifrables, todo Estado se sostiene no en cimientos ni columnas sino en personas humanas privilegiadas por la autoridad concedida a, o tomada por, ellas.

8.
Ni la sociedad ni la psicología pueden adaptarse por
decreto a los designios de la clase política.

9.
Empezar por colectivizar el oráculo:
Conozcámonos a nosotros mismos.

Sin creaciones *ex nihilo*
ni mitologías
ni esencialismos
ni determinismos
ni reduccionismos.

10.
¿Qué diablos sabían Hobbes o Rousseau de las vidas
de nuestros ancestros, de los incontables milenios
que duró el cableado de nuestros lóbulos cerebrales,
nuestra lentísima y variadísima experimentación
cultural y política?

Nada. No entendían nada.
Nunca existió un buen salvaje.
Ni todos los humanos fueron lobos de humanos.

11.
Mantra: Una (posible) explicación fáctica nunca
equivale a una justificación moral. Ni a un programa
político.

Nada
        puede
                justificar
 la explotación de unos por parte de otros.

Ni la genética ni el partido.
Ni la naturaleza ni la historia.
Ni el pasado ni el futuro.
Nada material, nada ideal.

12.
La naturaleza de la historia humana y la historia de la
naturaleza humana son un único proceso, sistémico
y complejo. Y seguimos siendo una *emergencia*.

¡De haberlo asumido antes!
Acaso nos hubiéramos ahorrado el siglo veinte.

Vivir.
Cansado de la espalda y de los ojos.
Al borde del ataque de las hienas.
Cayendo por un risco.
Del otro lado de las puertas.

Vivir.
Sabiéndose leal como la muerte.
Copulando con espectros.
Monomaníaco del vacío.
De noche, como un vampiro famélico.

Vivir.
Años como semanas.
Saludos como estocadas.
Fotos como naranjas mecánicas.
El frío y la lluvia como adagios.

Vivir por inercia fisiológica.

Vivir en el blanco

entre las líneas.

ceniza

brasa

o ceniza

        ser
        polvo
        quemado

habitamos el baile perpetuo del aire

y el viento
siempre
arrastrará las cenizas

trans/formaciones 2 – diario

Los años avanzan dejando trillos de hojarasca.

A veces me devuelvo y solo hay crujidos entre
paréntesis de silencio.

Soy hembra y me deseo y me revuelco a mí misma
con unomismo. Me celebro y me penetro de
hombrías y canto. Acaricio mis pechos y suspiro.

O sueño con ella, la imagino conmigo, con sus
tacones de aguja y su púrpura erección de látex,
cayendo las dos por precipicios y meciéndonos en el
vacío, impregnadas cada una de otramisma, tan otras
y sí mismas como unomismo transformado.

Libre.
Libre como las palabras.

(Porque no sería libre si dijera, por ejemplo,
canfrutingo; pero sí, por ejemplo, si digo *unomismo
soy otra*).

Un animal pangenérico de órganos retráctiles, a
veces de macho y a veces de hembra y a veces de los
dos o de ninguno.

Según el ánimo.

Mi perra me mira y mueve la cola y ladea su
bellísima cabeza rojiza. No entiende qué me pasa
y cree que es su hora de comer. Para ella, obvio,
siempre es hora de comer.

Y otro día volver a antojarse de marchar fálicamente
erguido y entrar en la hondura tibia de una vagina
alada.

Variar el cuerpo tanto como la mente, congeniados
por fin en nos-otros-mismos: un género múltiple y
autodiferente y feliz.

Me mira y ella soy él, la miro y él soy ella.
Mutuamente nos cuestionamos y nos confundimos y
nos interpenetramos de carnes inespecíficas.

Desear. Ceder. Soltarse.
A veces amo la vida.

Levantar los velos del tiempo. De todos modos:
alguien vendrá a superarnos. Y no será un dios ni un
extraterrestre. Será una criatura de factura humana.

Más aún: ya está aquí.

Sufrir un acceso romántico y encarnarse y
preguntarse por lo mejor de la vida.
Y apostar: los amores adolescentes.
Brutos. Súbitos. Inapelables.
Cuerpos óptimos y volátiles de bronce y furor.
Saberse deseado siempre hasta el agotamiento.
El placer sin responsabilidades ulteriores.

(¿No es uno de los secretos de la vida lograr que los
actos coincidan con los contextos?)

Finalmente pasa el estremecimiento especulativo.
Unomismo se siente extrañamente ligero. Sin razón
aparente para saberse malogrado.

Y entonces callar.

Y vivir como si la ambición no tuviera más alternativa
que conseguir pequeños triunfos cotidianos: placer al
cocinar, serenidad a las cinco de la tarde, una noche
sin insomnio ni sueños groseros.

Vivir sobre vivir.
Vivir por vivir.
Vivir en vivir.
Vivir para vivir.

Añadir preposiciones inexistentes.
U obligarse a pensar en otros idiomas.
Y no saber más idiomas que el de unomismo.

Zen: presente.
No: gozar presentes.
Sino: desapegarse incluso del gozo presente.

Ser en cápsulas zen. Pre-zen-te. Zennada.

Voy a la farmacia y pido "cápsulas de zen".
El tipo me mira con ese gesto estúpido que hacen
los dependientes cuando creen que el cliente es el
estúpido. Como si hubiese dicho: "me da por favor la
felicidad".

"No... No tenemos de eso", dijo.
Sonrío y me marcho en silencio, satisfecho y heroico:
normalmente no me habría atrevido a ir a la farmacia
a pedir cápsulas de zen.

¿Es realmente posible prescindir del deseo?
¿Podría un zombi ser feliz?

(Ni siquiera podría desearlo o no desearlo.
Y el zombi tiene, al menos, hambre).

En cambio, es posible desear hasta el dolor, maldecir
la vida, deprimirse y tomar pastillitas y seguir
viviendo y eventualmente reaprender a reír.

Zen placebo.
Casi como el cielo y el infierno.

Y al final: la escritura. (Escribir soledades).

Me sosiego: ya volverá.
Si su necesidad era verdadera, volverá.

Amada inmortal e infiel.
Amada cursi y dictatorial.
Amada psicótica.
Amada monomaníaca.
Mi erotomanía.

Me voy, te dejo para siempre (jura).
Y yo sé que volverás al desayuno (pienso).

Y puntualmente aparece en la ducha, como una araña
colgando del techo, o en el piso, revolcándose entre la
espuma del champú, escalándome por la pantorrilla
izquierda, cogiéndome por los testículos.

La poesía, en su mejor momento,
prescindiría del verbo "ser".

–¿Qué?
–Por venir.

lamentación

Y escribir. No saber otra cosa. Pero escribir sin
duende. (Saberse mediocre).

Y perfeccionar el arte de soñar. Las evasivas. Las
excusas. Preferir levantarse tarde y jugar al poeta
maldito o al genio incomprendido. Reinventar el
arrojo pueril de culpar a los otros.

Y leer libros de punta.
Economía evolucionista. Sistemas complejos.
Transhumanismo demócrata. Bioinformática.
Postanarquismo.

Pero solo leerlos.

Y quedarse en casa gimiendo. Ver avanzar a otros:
igualmente triviales pero lanzados. Verse fraudulento
en los espejos. Y verse gordo. Contrahecho. Ridículo.
Viejovencito.

Y oírse indeseable en tantas voces de rechazo.
Contar y recontar los años sin abrazos. Sin caricias.
Deshumanizado. Hacerse alucinación de sí mismo.
Y acercarse siempre. Pero no saber dar el paso
definitivo.

Antes la escritura era el mar.
Hoy es el recuerdo del mar.

Escribir mirando por una ventana.

inercia 3 – fiesta

Alguno de los simpáticos de siempre:
"¿Sos poeta o narrador?"

Unomismo rehúye las disyunciones idiotas.
Simplemente, escribir *textos*: poner una palabra tras
otra *y ver si dicen algo.*

Unomismo, fastidiado:
"No sé, no sabría decir".

Un amigo tercia:
"Creo que narrador, ¿o no?"

Alguno arremete de nuevo:
"¿Cuentista o novelista?"

Y unomismo, con repugnancia, se imagina verdugo
iluminado, *Dexter...*

Pero calla.

Y el necio, fiel a su deber, no admite el silencio y
exige y unomismo cede:
"De todo un poco, no sé".

Regodearse en las miradas que señalan a unomismo
como paria, iluso, anómalo.

Ni siquiera poder participar en la conversación.
Preguntan por la esencia de la literatura. A
unomismo se le retuerce el colon y se siente preso en
una república platónica.

Este reduce la literatura a la ficción. Otro a la
subjetividad. El tercero a su función de crítica social.

Levantarse sin decir palabra. Unomismo se sabe hace tiempo antiidentitario y recibe el desprecio como precio: jurar no convertirse nunca en parte de *eso*.

Afortunadamente, la fiesta gira hacia otro rincón. Unomismo se maldice por haber dejado de fumar.

Alguno chilla y parlotea y otro intenta bailar reguetón en estilo punk. Aquel hace elucubraciones fenomenológicas de segunda y este militante le insinúa a su novia recién pospúber que es una imbécil por no conocer la teoría de la plusvalía.

Todos se creen héroes o genios —unomismo, obvio, también lo ha pensado de sí mismo— o ángeles.

(¿Ángel, acaso, no es sinónimo de revolucionario?)

Unomismo recuerda que la noche, mientras tanto,
yace, tendida, afuera.

Y espera, abandonada a sí misma.
Y tiene la paciencia del universo.

Unomismo se refugia en sus tentaciones secretas:
Un kilo de trufas o un lomito gorgonzola. (¡Saber
consentirse cuando importa!) Y se antoja de orgías
matutinas. De vino semidulce. De humedad. De
hundimientos a ciegas. Entrar en un mar helado para
casi ahogarse sin llegar a morir. O rodearse de efebos
y ninfas danzarinas y beber y bailar y reír. Todos
minúsculos y desnudos bajo el sol.

Verbigracia:
Ser llamado con la mirada por la novia del militante
y desnudarla atropelladamente en el baño y comerle
sus senos diminutos como uvas maduras. Alienarle
los muslos, oxitocinarla y trastocar su corteza
prefrontal y arrancarle toda memoria del cretino que
la puebla y juntos instaurar una economía igualitaria
y arbitraria del gozo cotidiano sin gobierno ni
doctrina.

En cambio, el militante hincha el pecho para que el
mundo entero escuche su viril erudición y ella sonríe
a medias —disminuida, la pobrecita— y unomismo
quiere morir.

O matar.

(Unomismo se imagina diciéndole al oído: plusvalía
es la que obtiene Su Majestad Doctrinaria de la
reificación de tu cuerpo).

Sensato, sin embargo, unomismo antihomicida se
desliza a la terraza vacía y sonríe para sí mismo:
"¿Poeta o narrador?"

El techo de la noche es un mantel de nubes
desgarradas.

Unomismo para sí mismo:

"Callar hasta tener algo original que aportar a las
grandes conversaciones humanas".

Probablemente: nunca.

Adentro sigue la conjuración de mártires filósofos y
poetas. Unomismo enciende un cigarrillo imaginario
y exhala humo real.

(Callar y seguir leyendo).

abundancia

> *A veces hay tanta belleza... en el mundo...*
> *siento que no voy a aguantar...*
> *y mi corazón simplemente se va a rendir.*

> "Ricky Fitts",
> en *American Beauty* (1999)

Vivir a medias.
Sentado en una cintura del subdesarrollo.
Sometido a bombardeos colonialistas de belleza.

(Infame explotación de mis fijaciones sinápticas).

El mundo como acuario.
Y vivir pegado al vidrio.
Por fuera.

Tantas maneras posibles de amar. Y nos condenamos
a una sola: esa fantasmagoría irracional del uno más
uno son uno.

Oponer la aritmética del deseo: una más una somos
muchas.

Aquí, bajo el sol, desnudas de cuerpo y de fe, e
inagotables, como desiertos traslapados.

Los amores mueren definitivamente pero el deseo
solo se extingue para resurgir.

Sin la imaginación,
sumidos en carencia,
¿no habría que morir o matar?

transgenérica

La mera escritura.
Ensayos interminables.
Repetición alterada de posibilidades.

Una palabra día tras otra noche, una continuidad sin
límites ni contornos precisos, crepúsculo infinito,
claroscuridad, umbrales dinámicos, sustantivos
adjetivos, tejido tejido, por decir, o la emergencia
de novedades ante perturbaciones en un sistema
homeostático, raigambre básica de nuestra
experiencia compartida, micelio subuniversal, las
simbiosis como principio natural, relaciones de
relaciones de relaciones y la huida de la huida del
género a su llamado: no podemos pensar sin líneas
divisorias de propiedad. ¿O sí? Prosa *o* poesía, por
ejemplo. O lo mío y lo tuyo.

Y sin embargo
recortar
a veces
los rengloncitos
me entretiene.

No ser pues de aquí ni de allá. No ser esto ni su contrario. Desidentificarme y celebrar las multitudes que me conforman y comparten. No ser nada *definitivamente*.

Nada propio: nada ajeno.

Ninguna *cosa*: solo relaciones.
(Excepto relaciones de explotación).

"Quiero que mis pasos borren fronteras".

Pero esta duda metódica:
¿es mejor arrastrar los pies o dar patadas?

ventana

Unomismo es una ventana.
La ventana es un cristal hecho de arena.

A través del vidrio pasa la luz (o la oscuridad), el frío
(o el calor) y vibra con el viento y lo moja la lluvia.

Avidez, regocijo, recelo: reflejos en el vidrio,
mudables con los días.

Unomismo: espejismo persistente.
(Membrana que separa-y-comunica).
Unomismo nunca es uno ni el mismo.

Y algún día una ráfaga deshará el cristal.
Y de nuevo quedará solo arena.

*¡Dios Todopoderoso, bendice el futuro de nuestras armas;
tan justo como siempre fuiste, decide ahora si somos dignos
de la libertad! ¡Dios Todopoderoso, bendice nuestra lucha!*

ADOLF HITLER, MI LUCHA

*Igual que la religión ha encadenado la mente humana,
y como la propiedad, o el monopolio de las cosas, ha
conquistado y ahogado las necesidades humanas, el
Estado ha esclavizado su espíritu, dictando cada fase
de su conducta. "Todo el gobierno, en esencia", dice
Emerson, "es tiranía". Sin importar si es gobierno por
derecho divino o regla de mayoría. En cada instancia su
meta es la subordinación absoluta del individuo.*

EMMA GOLDMAN

*Llegará un día en que la generación mística de Jesús,
por el Ser Supremo como su padre, en el vientre de una
virgen, se catalogue junto a la fábula de la generación de
Minerva en el cerebro de Júpiter.*

THOMAS JEFFERSON

I
"No podemos entender las razones de Dios".
Exacto: si hubiese razones las entenderíamos las
criaturas racionales.

II

De las múltiples razones que dan los creyentes
para creer, esta es la única casi comprensible:
creen porque su vida es tan paupérrima, explotada
e injusta que no encuentran más remedio que
buscar un consuelo sobrenatural para su realísima y
antropogénica desgracia terrenal.

III

Meten al manicomio a un tipo que dice hablar
con extraterrestres. ¡Subnormal, haber dicho
que hablabas con Dios! (Y cobrar comisiones de
intermediación).

IV

Demostrar principalmente con actos cotidianos que
creer en dioses (o sus presuntos representantes)
no es necesario para actuar generosamente, con
solidaridad y empatía. Ser ateos y justos y felices.
Anarquistas sin vergüenza.

V

Madrugada masoquista: repasar historietas en la
Santa Biblia. Por ejemplo:

 — Génesis, 19: 1-8
 — Deuteronomio 3: 3-7; 20: 16-18; 21: 10-13
 — Jueces, 19: 22-30
 — Etc., etc.

E intentar, temerariamente, imaginar una pesadilla
peor que el Antiguo Testamento. Y fracasar, obvio.

Y las sagradas escrituras son nuestra mejor fuente de
moralidad, dicen.

¿Qué pasaría si de verdad los niños leyeran la palabra
de ese dios como inspiración moral? El Levítico, por
ejemplo, donde se ordena claramente la pena de
muerte por aberraciones como insultar al padre o la
madre, cometer adulterio con la mujer del prójimo
(en cuyo caso la mujer también debe ser asesinada),
acostarse con una mujer en su período menstrual,
bestialismo (en cuyo caso también debe ser asesinada
la pobre bestia), y una de las preferidas de los
inquisidores: "El hombre o la mujer que consulten a
los muertos o a otros espíritus, serán castigados con
la muerte: los matarán a pedradas..."

VI
Recopilar datos:
Los estados más religiosos de EE. UU. coinciden
con los de mayor población republicana y mayores
índices de criminalidad. Los doce estados con
mayor cantidad de robos reportados también son
republicanos. Y 17 de los 22 estados con mayor tasa
de homicidios. Los treinta y cinco países con mayores
niveles de analfabetismo son profundamente
religiosos. Y los países más religiosos del mundo —
especialmente los ubicados en África— son también

los que padecen las peores tasas de infección de VIH
y sida.

Entre las sociedades más sanas (expectativa de
vida, alfabetización, ingreso per cápita, educación,
bajas tasas de mortalidad infantil y de criminalidad,
igualdad de género, etc.) están Noruega, Islandia,
Canadá, Suecia, Japón, los Países Bajos, Dinamarca.
Y todos esos países están entre los menos religiosos
(más poblados por autodeclarados ateos). Los países
mayoritariamente irreligiosos de Europa, donde
se ofrece educación sexual desde la escuela y se
promueve el uso de anticonceptivos, tienen índices
mucho menores de ITS y embarazos de chicas
adolescentes.

VII

Si sabemos juzgar, entre los cientos de páginas de la
Biblia, cuáles pasajes son "buenos" y cuáles "malos"
(cuáles debemos leer literalmente y cuáles no), es
porque tenemos ya, de antemano, criterios del bien y
del mal que no provienen de la misma Biblia.

¿Acaso antes de clavar al anarcocomunista de
Jesús en la cruz la gente era, por definición y
universalmente, inmoral? ¿Ninguna madre cuidaba a
sus hijos, nadie se sacrificaba por sus hermanos o su
tribu?

VIII

Respirar profundamente y observar el universo:
las imágenes de la inmensidad de inmensidades
en las páginas web de la NASA. Y sentirse
humildemente minúsculo. Y a la vez mágicamente
soberbio: ante tal enormidad, yo, una nada, un
mamarracho, puedo pensar y conocer. ¿No debieran
nuestros dioses humanoides, guerreristas y volubles,
palidecer de temor y asombro ante el universo?
Pobrecitos dioses humanos, concebidos sin saber
siquiera que la Tierra se mueve para mantener el
poder de unos y la impotente ignorancia de otros.

IX

¿Por qué no se le habrá ocurrido a Dios incluir entre
sus mandamientos algo contra el abuso infantil,
o la esclavitud, o el maltrato a las mujeres, o los
genocidios? ¿Por qué Dios, en su inmensurable
sabiduría, no se preocupó por pactar algunos
protoderechos humanos, por ejemplo; o por
invitarnos a cuidar la Tierra para evitar problemillas
como el calentamiento global?

Diosito, en cambio, sí se toma el tiempo para
describirle a Moisés, con lujo de detalles, cómo debe
tratarse a los esclavos, y a las mujeres, incluso a las
hijas, que pueden venderse o regalarse como esclavas
sexuales si su padre lo desea... Aparte de eso, lo
esencial para la humanidad parece ser regular el
negocio de los bueyes y los asnos.

Pobre diosito sin *updates* ni *upgrades*. Diosito en una
cruz y no en la silla eléctrica. Diosito imperialista
y genocida, nacionalista y vengativo y totalitario.
Diosito de madera en la época de los nanotubos
de carbono. Diosito en papiro, sin aeropuertos ni
naves espaciales, sin Ilustración ni globalización,
sin telescopios ni revolución francesa, sin Mendel
ni Apolo 11. Diosito metiche, impúdico, misógino,
homofóbico y mandón. Diosito para adolescentes en
crisis permanente.

X
Explicarles en cambio a los chicos la falsa tragedia
de los comunes y las diferencias entre deontología
y consecuencialismo. Explicarles la historia
de la Autoridad y el Poder y sus milenarias y
actuales masacres. Y recurrir como ejemplos a
sus vidas cotidianas y los problemas reales de sus
comunidades, a la literatura y el cine, y enseñarles
a pensar críticamente en lugar de seguir ciegamente
órdenes suprahumanas venidas de Ninguna Parte. A
descreer de los representantes del pueblo, incapaces
de encarnarnos. O militar en nombre no solo de
Estados laicos sino de éticas laicas. Priorizar la
calidad de vida de todas las criaturas sintientes. Y
estudiar las causas y los mecanismos bioculturales
de nuestras predisposiciones morales. Y de nuestra
capacidad única para anularlas deliberadamente
y reentrenarlas. Enseñar la libertad, ese encanto

de entendernos y organizarnos y cuidarnos sin
necesidad de autoridades intermediarias.

XI
Estar solo no equivale a no saber encontrar iguales,
sino en creer que no serán también diferentes. En
su extrema extremidad los fanáticos solo se sienten
acompañados por entidades ideales y no por los
demás humanos.

Ay, humanidad colonizada, tantas iglesias para
justificar tu miseria. Tantas iglesias para maleducar
a tu gente y seguir evangelizando indios, que
cinco siglos no es nada y es fugaz la mirada del
conquistador.

XII
El Gran Pum será el ruido de las Grandes
Iglesiestados al derrumbarse y fenecer.

XIII
Mejor: *tao*.
O bien: el *deus* *sive natura* de Spinoza.
Ese dios sin voluntad para mandar y matar.

latidos

el universo late: nazco

cada   uno
       una
            estación abierta

                    unomismo es un *hub*

                            el universo late: muero

                    el universo late

Globalizar el Capital e insistir en nimias justicias localizadas.

Privatizar los mundomonopolios con retórica de "libre" comercio.

Pensar posible una armonía repentina, cuasimilagrosa, a puro emprendimiento individual y manuales de autoayuda.

Suponer que cada uno es una identidad o un alma y no un carnaval de disfraces superpuestos.

Conjeturar que habitamos y formamos una máquina simple y no un organismo complejísimo que no equivale a la suma de sus partes.

Plantear como fundamentales a los individuos y no las interacciones entre individuos.

Creer que la mano invisible del mercado no es también una mano humanizada que tiende a la acumulación desequilibrada.

Oír los discursos políticos como zumbidos.
Y quitárselos de encima como moscas.

Ponerse de acuerdo con los vecinos, los de mi barrio
y mis antípodas.
—*Gracias.*

Dar sin esperar siquiera reciprocidad.
—*Con todo gusto.*

Poscivilizarnos y abrazar con júbilo a malayos,
garífunas, kurdos, judíos y palestinos. Abrazarlos
porque son nosotros. Borrar todas las fronteras
y abrir todas las puertas y abrazarnos por más
de veinte segundos y sentarnos juntos a la mesa
y mirarnos a los ojos. Y de quedarnos sin ojos,
ponernos unos ojos cibernéticos para poder seguir
mirándonos.

Celebrar la intriga callejera de verbos autonómicos
y termodinámica epidérmica y química orgánica.
Moverse continuamente y ver que todo se mueve
y cambia: los continentes han atravesado océanos,
la Tierra es una viajera incansable y no sabemos
dónde estaremos mañana. Quizá el universo rueda
eternamente en ciclos y reciclos y quizá se crea y
descrea continuamente. Y quizá su principio y su

final siempre son los mismos, pero el entreparéntesis siempre es otro, inédito.

Evolucionar, felizmente, para no morir como nacemos: solos e idiotas.

Avergonzar a diario a los superpoderosos. Esos obscenos del 1%. Prescindir de noticieros sesgados y no requerir intermediarios para comprarle la música a Fulanita, su creadora. (No más enajenación entre el hacer y lo hecho). Y valorarla en línea y recomendarla y ayudarle a crear y mantener su reputación. Y no hacer nada contra ellas, las industrias o los poderes globalizados, solo ignorarlos como se ignora algo pueril o anticuado. Negarse, pues, a enriquecer aún más al Sr. Capitalista Transnacional por las emociones materializadas de un artista; o el sudor de un agricultor artesanal; o el precariado instituido entre los empleados zombis y los clientes de *call centers*; o el amor de una madre a sus niños cosido en el ruedo de un pantalón Made in Bangladesh por trabajadoras esclavizadas a esos salarios "mínimos" tan distantes de los salarios sin máximo de accionistas y especuladores.

Entregarnos, mejor, a la inteligencia distribuida de
esta gran mente colmena que hoy nos une
—mejor: *nos relaciona*— como antes nada lo había
conseguido. (Saber que el único progreso se mide
por la cantidad y la calidad de las relaciones y los
intercambios y las acciones directas).

Empezar, cada una, por lo que todas tenemos al
alcance a diario: nuestros vínculos, nuestros afectos
cotidianos y nuestros efectos en otras.

DAVID GRAEBER:

*"...en última instancia, una economía es solo la forma
en que nos cuidamos unos a otros".*

Micelios, redes conectivas de la Tierra entera, sin
poder ni control centralizados. O la energía oscura,
red conectiva del universo entero.

Unomismo solo existe atravesado de invisibles.

Una existencia humana sin expresión es inhumana.
Vivir, pues, dejando huellas, inscribirse, informarse
y transformarse, marcar un rastro y seguir otros,
convertirse en signo del porvenir, leer y dejarse leer,

interactuar, inventar un ritmo, un cruce irrepetible y perecedero con muchos otros ritmos. Dibujarse y desdibujarse proteicamente y vivir con estilo, es decir, como en una novela que nos gustaría leer. Reinventar la vida viviéndola. Cooperar en lugar de competir. Conjurar un hedonismo gratuito y transnacional. Compensar la muerte con obras.

"Yo", de todos modos, es la manera única en que muchas nos entrecruzamos *aquí*.

No asumir una posición política.
(Posiciones tienen los militares y las estatuas).

No adoptar pautas autómatas. Y partir de esta regla
primeriza: situar la vida. Actuar en la singularidad de
cada caso. Y buscar salidas no programadas.

Esforzarse por circunscribir los reflejos y
prejuicios de unomismo con pragmatismos y
consecuencialismos.

Atreverse a dar pasos inéditos. Desechar sistemas de
pensamiento como pañuelos usados. Intentar pensar
sin machotes, pero —precisamente para lograrlo–
estudiar todo lo estudiable para no repetir al infinito
los mismos errores.

Comprender que nuestro cerebro es una máquina
agrimensora. No tanto de tierras como de, antes,
conceptos. Es un órgano bisector que no divide en
iguales, sino en diferentes. El sistema operativo del
cerebro primitivo es binario, es decir, tribal. Los
míos. Los otros. Lo cual sigue teniendo el beneficio
de entusiasmarnos en los estadios. Pero no mucho
más que eso.

Dichosamente, también trae software capaz de
expandir cada día más el alcance de nuestra empatía.
Normalmente somos de tal o cual país, o religión, o
somos hombres o mujeres, cis o trans, o blancos o
negros o chinos o gringos o multicolores o insípidos;
pero en caso de huracán o terremoto, ¿no nos
convertimos al instante en humanos? Hollywood
se enriquece con nuestras hipocresías: basta una
invasión alienígena para unificarnos a todos como
abejitas.

Desenmascarar a mesías y caudillos. Y combatirlos.
Y comprender que los mayores enemigos de los
humanos no son ni los artefactos ni la naturaleza,
sino, siempre, otros humanos. Y combatir el odio con
la ecuanimidad de un monje budista.

Huir entonces tanto de Partidos como de Iglesias.
Sospechar de quienes tienen clarísimos sus
diagnósticos, agendas y soluciones. Considerar
inhumana la falta de duda. O a quien proponga, sin
ceño y a modo de salvación, lo que todos *debemos*
hacer. O desear. O no desear. (Como el mismo
unomismo cuando baja la guardia y proclama
manifiestos).

Pasar por todos los liberalismos y los populismos.
Viajar del libertarismo al comunitarismo. Conocer
los idealismos y los comunismos y los utopismos
y desecharlo todo, todo, las Filosofías y los cultos

y las Economías y los fanatismos. Pasar de un elitismo a otro y del sindicalismo al solidarismo y del capitalismo a la dictadura del proletariado y aterrizar finalmente en la ética práctica de los anarquismos. (Y *finalmente* para que no haya final).

Y vivir en los campos, en la jungla, en la ciudad, en la luna, da igual: nuestro fundamento inapropiable son las relaciones que nos unen (o nos separan). Los otros en nosotros.

El barco hacia el porvenir ya soltó amarras. No conocemos el puerto de destino, pero ya vamos a bordo. Sin duda habrá marejadas y tempestades y retrocesos. Y con el tiempo el barco parecerá el mismo, pero será otro.

GUSTAV LANDAUER:

"El Estado es una relación social, una determinada manera en que las personas se relacionan entre sí. Puede ser destruido mediante la creación de nuevas relaciones sociales; es decir, mediante personas que se relacionen entre sí de manera diferente".

Hospitalarias, expatriadas de todas las patrias.
Solas, sin esencias ni revelaciones ni certezas, pero
juntas. Y posbinaristas; es decir, *queer*, como esta
misma transtextualidad a la que siempre se le querrá
asignar un género que resultará *otro*.

Querernos y cuidarnos sin jerarquías, reventar las
parejas en cornucopias y enredarnos afectivamente
contra todo dios y toda norma.

No reconocer más "autoridad" que la ayuda mutua.

Escribo escuchando a Metallica:

The God that failed

(Quiero pensar sin poder oírme pensar. Pero pienso,
de todos modos, y el transverso retumba).

justicia

No habitamos un círculo.
No hay, por lo tanto, oposiciones diametrales.
Ni centro y circunferencia.

Habitamos un laberinto ilimitado.
O, si existen, no podemos ver sus límites.

"¿Usted es de derecha?"
"No".

"Ah, lo suponía, es de izquierda".
"Tampoco".

"Ser de centro es muy cómodo, ¿no?"
"No existe un centro".

El interlocutor hace una mueca.
"¿Entonces dónde está parado?"

s o y   a n a r q u i s t a

de la naturaleza a la justicia:

nosotras-trans-humanas

9-
—*Esto, ¿qué es?*
(Pregunta de crítico).

Ni puta idea.
Textos nada más, entre tu vida y la mía.

—*Debería irse con sus jueguitos al kínder.*
(¿Y dónde creerá que estamos?)

1-
Repugnar el abuso de la palabra "irreverencia".
Cualquiera es irreverente. Escribís "mierda" en el
periódico y sos el nuevo revolucionario. (Como si los
berrinches engendraran grandes transformaciones).
O te hacés *celebrity* cantando contra la vacuidad de la
fama. O dictás cátedra universitaria contra los ricos
y te hacés rico haciéndolo. O gritás encapuchado
en manifestaciones contra el gobierno y luego te
convertís en Presidente. Como si la revolución fuera
atreverse a decirle al padre "viejo de mierda" y luego
convertirse uno en un padre de mierda.

5-

Considérese, en cambio:
Las adaptaciones evolutivas que nos permitieron
aprender socialmente. La escritura. El feminismo.
O clonar vacas y cerdos sin sistema nervioso
para eliminar el hambre del mundo. O cultivar
riñones para trasplantes en laboratorios de acceso
universal. O decidir e imponer un salario máximo
así como hay uno mínimo. O garantizarles a todas
las personas del mundo acceso libre a internet de
banda anchísima y agua potable y vivienda y salud
y educación finlandesa. Normalizar las relaciones
entre cuantas personas se quieran. Todo tipo de
familias diversas elegidas. O el uso de células madre
para curar calvarios fisiológicos. O diseñar celdas
solares hiperbaratas y prohibir su patentamiento.
Decretar una Renta Básica Universal. O decirle
adiós a dios definitivamente. Y lograr, algún día,
autoorganizarnos sin mandatarios ni centros de
poder ni explotación de unos por otros.

6-

Pero la nimiedad de limitarse a decir malas palabras
frente a la autoridad...

Quisiera saber:
En cuál momento exacto envejecí.

Si el origen de la vida fueron cápsulas extraterrestres
o el paciente juego simbiótico del azar molecular.

Si colonizaremos Marte y las lunas de Júpiter y
cómo seremos en 100 años y en 1000. O si habremos
muerto en la Tierra reventados de calor y diluvios.

Si tendremos sentidos cibernéticos e implantes de
memoria y drogas de la felicidad.

Si curaremos el cáncer, la gripe, el egoísmo. O si
volveremos a entrematarnos como insectos.

Si acabaremos con la hambruna y la pobreza (la
codicia y la crueldad). O vivirán —algunos— en
fortalezas amuralladas rodeadas de hordas de
infrahumanos.

Si hay vida en otros planetas (y cómo son sus
habitantes). Y cuán extenso es el cosmos y
cómo emerge la realidad de las ondapartículas
subatómicas.

Si los países dejarán de existir y finalmente nos
ocuparemos de la gente.

Si hay un universo o muchos repartiéndose el ir y
venir del tiempo en el eterno retorno de lo diferente.
(Y qué hay en el paréntesis entre un universo y otro).

Y si perderemos el miedo a madurar y ser artífices
de nuestro propio porvenir: si nos atreveremos a
inventar las condiciones de emergencia de la justicia.

No quisiera, en cambio, saber:
Cuál será el momento exacto de mi muerte.

Que el porvenir fuese el capullo
de una flor fuera del tiempo.

Recurrir a palabras como balsas.
Repetir clichés y perogrulladas.
Apropiárselos y creerlo todo.

Olvidar toda prudencia literaria y registrar el
ánimo entrecortado. Inercial. Versificar a tumbos.
Inversificar. Palabra ceño. Palabragujas.

(Creer, por ejemplo, que *estos* son versos).

Pero no tener idea del "valor". Menos aún en poesía.
Unomismo sabe que nunca ha sido poeta. Pero sabe
que no todo vale lo mismo. La subjetividad es un
museo de evasivas. "Yo", solo un subterfugio.

(La fe. Delirios colectivos. La barca de Caronte).

Y a pesar de haber pernoctado con Platón, el
Aquinate, Kant, Nietzsche *et al.*, unomismo también
sabe que nunca ha sido filósofo.

Platón expulsó a los poetas de la República solo
porque quería ser, él mismo, el único *poeta*
verdadero. Platón es un bardo travestido.

Creer que la filosofía sí es amor, pero no al
conocimiento sino a la angustia.

(¿La buena filosofía es pasión por la incertidumbre?)

Y tener solo imágenes con una resolución pobrísima.
La complejidad comprimida en bosquejos
monocromáticos.

(¿El poema como nivelación en tonos de gris?)

La filosofía y sus padecimientos cansinos. Su utopitis
crónica; por ejemplo: o el ideal más ideal de todos los
ideales posibles, o nada. Como el capitalismo al "final
de la historia": el mejor de los mundos posibles es el
peor de todos.

La filosofía busca la raíz universal y solo encuentra
las raíces de sí misma. La filosofía cava su propia
tumba y luego enloquece por reengendrar su propio
renacimiento.

La filosofía comienza cuando dibujamos un círculo en
la arena. A veces el círculo rueda, pero casi siempre
quiere yacer inmóvil en la eternidad.

(¡Por fin el momento bendito!
Antojarse más de helados que de angustia.

Sorber entonces helados de sus labios
entreabiertos...)

Las olas deshacen todos los círculos.
Y queda, como siempre, solo, el mar.

Seis a eme.
Levantarse porque ella se levanta: hoy debe trabajar
fuera.

Bajar.
Prepararle el desayuno: té de jengibre con limón, una
tostada con mozzarella, cuatro o cinco fresas o unos
trozos de papaya.

Adiós, amor.
Chao, cuidate.

Poner el café. Alimentar a los perros y juguetear un
rato con ellos. Leer el diario y desayunar: cereal o
avena con rodajas de banano. O granola con yogur y
miel.

Subir.
Revisar el correo y ver si hay urgencias.
(No hay).

Leer. Hoy estoy con los Pessoa.

A media mañana, instalar un nuevo enchufe para la lamparita del baño. Cortar los cables, pelarlos, el *tape* eléctrico...

Volver al correo.
(Nada importante).

Bajar.
Preparar el almuerzo.
Chuletas de cerdo con manzanas caramelizadas en salsa de naranja. Acompañar con arroz y plátano maduro (sobros de ayer).

Y comer solo.
Miento, comer con los perritos a mi lado: imposible ignorar la ternura de su inocente manipulación: me muero si no me das ese huesito, me muero...

Luego, mirar el cielo y el jardín.
Podar las hojas amarillentas de los geranios, recortar las pentas, las verbenas; cortar algo de orégano y albahaca, de hierbabuena y salvia.
Elegir las mejores hojas. Lavarlo todo.

Poner a secar al horno (al mínimo y puerta
entreabierta) el orégano y la albahaca; hacer bolsitas
de hierbabuena y de salvia y guardarlas en el
refrigerador.

Subir.
Volver al correo.
Necesitan la traducción urgente de la carta adjunta.
"Don Víctor, ¿podría estar para hoy mismo?"
Traducir el documento. 1557 palabras. Menos de dos
horas de trabajo.

Bajar.
Retirar del horno el orégano y la albahaca y triturar
las hojitas con los dedos y almacenarlas en tarritos
de Gerber. Prepararse un té. Tal vez alguna fruta.

Subir.
Volver a la oficina y trabajar de verdad —es
decir, escribir— en alguno de tantos proyectos
encaminados y siempre interminables.
(Este, por ejemplo).

Hacer siesta a las seis de la tarde.

A las siete ver las noticias corriendo en la bici
estacionaria. Hay que bajar la presión, o sea, algunos
kilos. Luego abdominales, estiramientos, flexiones.

Ducharse.

Bajar.
Salir a la noche con los perros.
Olfatean, corretean, toman sus baños de luna y
hacen pis y caca.

Preparar la cena.
Hoy: hummus, pitas, tomate con albahaca y ajos
rallados, uvas, algo de queso, salami seco.

Y volver a Álvaro de Campos mientras ella regresa de
su propio día de trabajo y ejercicio.

Nueve quince pe eme.
SMS: voy en camino, amor.
Responder: OK, cena lista.

Nueve treinta.
La algarabía de los perritos cuando llega su mami.

Cenar juntos. Mirarnos. Rozarnos los brazos.
Contarnos el día de cada uno.

Subir.

Y por fin la vida verdadera.
(Paréntesis del mundo).

flexión lírica

devorarla
atenazado en sus piernas
empapar su olor en mis cutículas
pintarla con pinceladas eréctiles
mirarla como miro un barranco
amar la imposibilidad de titularla
crucificarme a sus crestas ilíacas
enredarla en sábanas de viento
arroparla con velos y vahos
arrullarle canciones mudas
despeñarme por su talle
masculinizar sus tacones
presumir de mi cursilería
desocuparme de mí mismo
rebosarme de su abandono
claudicar en sus metacarpos
y desearla y desearla y desearla
y tener, de ella, nada, un recuerdo:
fugitiva
la espalda   de una diosa

sosiego

Poner los puntos sobre las íes cotidianas.
Descomponer las tramas y las componendas.

Inventarse a diario alfombras voladoras
y tablas de salvaciones *ad hoc.*

(Vivimos en este mundo. La complicidad con él, sin
embargo, es prescindible).

Y tras tantos derrumbes y vorágines
—hemos querido odiarnos tantas veces—
volver siempre juntos a la cama.

Y en la cama ella es una cachorra y tiene frío.

"Estás muy lejos", dice.

Me acerco. Nos ovillamos. Y gime. Quizá el día fue
una calamidad. Un desatino. Un pozo. Aquí eso no
importa. Aquí nada ni nadie se impone.
(Muchas veces soy yo el cachorro).

Conciliados los desaciertos, finiquitados los
ensueños, dormir.

O no dormir y escuchar su respiración y verla soñar
sus privadísimos sueños.

Sentir que se levanta y va al baño. Y sostener ese
mínimo de consciencia hasta sentirla de nuevo a mi
lado.

Acompañarla despierta y dormida y en todas las
versiones de sí misma.

La quiero.
Esto es quererla.

(Incluso cuando revierta a una versión sin mí).

Domingo por la tarde.
Trucha al vapor con hierbas del jardín.
Berenjenas al horno. Pinot grigio.

La calle, pausada. El sol en la terraza.
Los perros cansados y serenos.

Estamos, cada una, sola, pero solas juntas.

Conversamos. Reímos.

Y al día siguiente volver a comenzar.

2
Quedarse en vela conversando.
Sofocar lentamente la cama.
Hurgar inclinaciones y dirimir diferencias.
Seducir y ceder y transformar.
No al otro sino a unomismo.

En la cama, en duermevela: El amor es ternura y la
ternura siempre es un triunfo sobre unomismo.

Decirlo como si las palabras fuesen sólidas.

6
Y no solo es cuestión de perspectiva, sino de enfoque:
basta hacer *zoom out* o *zoom in* para redistribuir
todas las divisiones imaginables. Los megapíxeles del
pensamiento borran y trazan límites a su gusto. Las
categorías usualmente dependen de la herramienta
utilizada para ordenarlas: unas pinzas, por ejemplo;
o un telescopio; o dinamita, como al volar montañas
para abrirle paso al tren.

9

No hay fuera-de-texto.
El meteco argelino tenía razón.
(Aquí, por ejemplo, no puedo mostrarles nada fuera
de palabras).

Y sin embargo...
En los textos y contextos siempre es posible seguir
la huella de una exterioridad. Nada es tan completo
en sí mismo como para carecer de exterioridad. Es
decir, no hay ni adentro ni afuera absolutos. (Como
no había el espacio y el tiempo absolutos de Newton).

11

Las entidades se com-penetran mutuamente, aun si
no lo saben. Por eso no hay id-entidades.

Siempre hay otro de contrabando en uno.

No hay manera de evitarlo. Si uno se fija bien ve que
otro ya estaba ahí, aquí, sentado y campante. Es
una especie de principio ético de incertidumbre: La
diferencia de unomismo habita dentro de sí mismo.
(La realidad está vacía de esencias).

12

La metafísica es un género criminal: purezas en las
que siempre viene oculto algún alijo.

14

O bien, en inglés: se trata de la diferencia entre
difference between y *difference within*.

17

Sin conflicto originario no habría idea ni posibilidad
de amor, de lenguaje o historia, solo verdades duras y
blancas y puras, algún principio de totalitarismo, un
todonada filosófico.

Falo-logo-centrismo

Eso: anhelar y adorar vergas hablantes infalibles.
(Las invenciones inútiles de la masculinidad).

X

La miro a los ojos.
¡Haber perdido la noche en divagaciones!
Ella, generosamente, sonríe.
(Me ha dado su tiempo).

Acaricio su muslo desnudo. Un pezón carnoso y duro
asoma por su piyama —una raída blusa de tirantes—.

Siento que la quiero.
Es decir, sé que la quiero.

Y quererla no es necesitarla.
Es no poder evitar contribuir a su felicidad.

Y ella tiene razón: no somos compatibles en esto y
en aquello. ¿Pero querernos no entraña *precisamente
eso*?

—Apagá la luz, gordi, es tarde.

Depongo el verbo.

favoritas
(sin ningún orden en particular)

relación
universo
información
evolución
texto
tao
genoma
hospitalidad
responsabilidad
cooperación
singularidad
complejidad
emergencia
gramática
naturaleza
humanidad
diferencia
madurez
porvenir
persona
justicia
micelio
técnica
huella
vida

método 1 – manifiesto íntimo

No publicar.
Esperar toda la vida.
O, al menos, hasta hallar la frase perfecta.
(O sea nunca. Y entonces mejor ahora).

En el inodoro, en la verdulería, en el semáforo en
rojo. Robarle palabras al tiempo.

Y envidiar y admirar el anonimato incondicional de
Elena Ferrante (por ejemplo).

Y saberlo: ser *hombre* no es gran cosa.
Y humano, apenas una convalecencia.

Miles de millones de galaxias. Miles de miles de
millones de estrellas. ¿Cuántos planetas girarán
en el vacío? (Que nunca está vacío). ¿Podría ser tan
ineficiente el universo y no contar con más vida que
la nuestra?

Visualizar a Hipatia, exaltada al ver las fotos del
Hubble. Astronorgasmática.

Y resistir: no inventar más bifurcaciones excluyentes.
No dejarse tentar por elecciones irreflexivas.
No reducir la acción a la oposición. No más
disyunciones compelidas: ¿por qué debo elegir entre
esto o aquello? ¿Y si quiero esto y aquello o una
tercera, o cuarta, o quinta opción o una alternativa
incuantificable?

la i griega bifurca y reúne

Y

todo depende
de dónde venimos
adónde queremos ir
y con quién

Y forma raíces, rayos, neuronas, caminos, pasado y
futuro aquí y ahora.

Y. Yin. Yo. Yang.
¿No se juega la vida en i griegas?
Puntear *esas* íes.

Recrear la lógica en continuos difusos, declarando
inexistentes únicamente los extremos absolutos.

La i griega bifurca, *y*, hace de uno dos, pero también
hace de dos uno y nos une a todos en un punto
infinitesimal. Une *y* separa sin decidir.

Límite permeable: siempre una membrana.

O bien:
Me gustan Mozart y Calle 13.

¿Acaso no puedo insubordinarme contra el cableado
de mis categorías mentales y aprender diariamente a
pensar de otras maneras?

¿Y si en lugar de elegir un ramal por el cual seguir yo,
completo, me divido y cojo por ambos sin dejar de
ser yo?

Onda y partícula. Yo cuántico. Superpuesto.
Sin interacciones somos indefinibles.

Mirame y colaborá en definirme.
Mirémonos y hagámonos juntos.
Y luego dejémonos y quedemos entrelazados.

Si soy masculino (por ejemplo), ¿no podría también
ser femenina? Y si no debería poder, ¿por qué lo
experimento de todos modos?

Y poner una palabra después de otra y entretejerlas
y fabricar telas y faldas y zapatos y bufandas y
calzones y caminar sobre oraciones incategorizables
y cubrirse con versos transversos y forrarse de
adjetivos superfluos y necesarios y desnudarse de
toda fe y sobrevivir la banalidad gramatical y estatal
de las reglas duras.

Avisarles a los demás que uno se retira. Cerrar
Facebook para siempre. Y descansar de fiestas
y reuniones copiadas al carbón. Esas fiestas
de disfraces cuando no queremos disfrazarnos
con un disfraz adicional al que ya somos.
Consecuentemente, dejar de fingir, en las reuniones
de trabajo, que uno es quien no es. Por ejemplo:
cagarse explícitamente de risa cuando el jefe nos
estimule a "superarnos" y a trabajar por "nuestra"
empresa. Mandar al diablo todos los formalismos y
los compromisos hipócritas. Clausurar el teatro y no
actuar para nadie.

Ser como uno quiere ser y el que quiera que me
quiera y el que no que no me quiera.

Ser tal cual: desnudo bajo el sol.

Ocupar, pues, el tiempo como si fuese una casa.
O un sueño. O una casa de ensueño. Dividirlo en
habitaciones. Asignar una oficina, un jardín, dos
baños y medio, un garaje. Un cuarto de visitas. O
mejor tres o cuatro porque quiero muchas visitas.
Y llenarlos de apariciones velludas, de muebles
chillones y adornitos de cerámica. O de zaguates,
o de historias cursis en las paredes, o de amantes
desidentificadas y terminar las noches extasiadas
de risa y rebeldía y sensualidad donada fuera
de todo círculo económico, sin expectativas, sin
remuneraciones, sin inversión ni represión ni
excusas ni nada más ni nada menos que el gozo
presente de estar vivas y *sentirnos* vivas sin el menor
reparo al qué dirán.

Y agendar, como se dice ahora. Mañana, cancelar
la cita con el internista: ya no más torturas por seis
kilitos de más y una pizca de azúcar. Yo seré yo y mis
rollitos abdominales. Que se ejercite Henry Cavill:
la tele lo necesita galán platónico. O Gal Gadot para
representar a las mujeres maravilla. Yo seré el rollizo
que quiere ver gentes guapas en la tele tras catorce
horas de trabajo superfluo. Ver y callar y atiborrarme
de la belleza de sus cuerpos tan ideales como las
mentiras de Dios. ¿Qué hay de malo en preferir sus
píxeles perfectos y dormirme ensoñado y galante y
contrahiperpensante porque el mundo de este lado es
una caverna plagada de criaturas encadenadas?

O bien:
Imaginar un jardín apócrifo donde convivamos
con todas las personas que hemos amado y todas
en paz y armonía alrededor de piscinas o lagos y
flores y atardeceres arrebolados y todas desnudas e
inocentes sin pudor ni miedos y exudantes de amor
generalizado.

Anticipar entonces la vergüenza que un día sentirá de nosotros la humanidad *plus*. Mejor: la humanidad *trans*, transnatural, es decir, justa. Porque algún día seremos más valientes. Porque somos las posibilidades de nuestras técnicas. Y nuestras evoluciones morales.

Hacer el lobby necesario para que Elon Musk, con sus billones de trillones, en lugar de rehuir la inteligencia artificial la oriente no a mayor poder de cálculo sino a una reevolución moral.

(Anotar la idea como proyecto de novelita de ciencia ficción: nunca existió el buen salvaje, pero existirá el buen androide y con ellos nos fusionaremos).

Levantarse del sillón de la tele a deshoras y poner la máquina del café. El cielo apenas anuncia el amanecer y sin café no soy quien *debo* ser: el esclavo que soy. Y sentirse aturdido de pensar tantas tonterías y fastidiarse de tanto aturdirse y recriminarse por querer escribir esas tonterías y mortificarse por tanto recriminarse.

Y entrar galopante a la mañana y volver al trabajo de mierda con la resignación de un Cristo sin Dios Padre ni madre ni perro que le ladre.

Literatura es escritura y unomismo escribe atmósferas y ocurrencias que llegan y se van sin su anuencia; pero unomismo las vive como si fuesen días o meses o vidas enteras.

¿Es posible ser un artista sin obra? ¿Es posible que la obra sea mantenerse en el borrador de la obra?

De todos modos, unomismo solo es una ventanita abierta por un instante o menos: un latido del universo.

La escritura es literatura si el texto afecta la inteligencia o ilustra los afectos. Punto final sin final definitivo porque algo se lleva la persona que leyó. (Y si no se lleva nada, la escritura solo son rayas en un papel).

Trazos de círculos que nunca llegan a cerrarse y se
convierten en otras figuras.

La escritura
                    nos obra.

Por eso, ya no proyectarla, calcularla,
comercializarla, preformarla ni sufrirla. En cambio,
experimentarla, componerla y moldearla lentamente
y en silencio, sin compromisos ni ideologías, sin
públicos particulares, parte de la cotidianidad de
unomismo, un trabajo inalienable, escritura sin
plusvalía, como prepararse el desayuno y sentarse
plácidamente a escuchar los pajaritos del jardín.

Tal vez, un día, les hablará a otras.
Técnicamente, una sola mirada la hará existir.

terraformación

Imaginar
sin nostalgia nuestra edad infantil, los primeros
chispazos morales, la eventualidad del fuego, la
domesticación de los lobos, los viajes a la nada y
a todas partes, la fascinación por el trueno y el
mar, la vastedad planetaria y las ilíadas y odiseas;
nuestras extinciones de megafauna; los sacrificios, la
esclavitud, la peste, las muertes tempranísimas, los
primeros imperios.

Estudiar
sin nostalgia nuestra edad juvenil, las cruzadas y
los milenarismos, las inquisiciones, las reformas
y las guerras de religión, el heliocentrismo, los
contratos sociales, el motor a vapor, Cándido y
Pangloss, la selección natural, las revoluciones
políticas y la idea de justicia; y las minas de
carbón y la industrialización de las ciudades, las
contrarrevoluciones, la miseria institucionalizada,
los hongos nucleares, los antibióticos, los campos de
exterminio, las vacunas y los antivacunas.

Recordar
sin nostalgia el último conato de extinción o
apocalipsis, la globalización de la depredación y la

banalidad, el pánico y las invasiones australes; y la
gran negociación, la serenidad y la autocreación de
los nuevos nosotros.

Releerlo todo en el Archivo Gaia mientras viajamos
por el espacio. Y sentirnos orgullosos de habernos
atrevido a madurar.

Mirar por las ventanas las lejanísimas estrellas y sus
incontables planetas: la infinitud de la relativa noche
del universo.

Acceder al Glosario y consultar "dios". Y no entender
todas sus acepciones, a la vez insignificantes y
totalitarias.

Respirar con alivio por haber nacido en esta época.
Asumir y gozar nuestra entera responsabilidad. Y
apagar las pantallas y dormir sin temor ni temblor.
Oneness no da miedo.

Ser humanos y algo más.
Crear siempre. Este texto, por ejemplo, o la
terraformación poscapitalista de Marte.

5. Esfumarme en un pueblito encajado entre montañas.

(Y tener un perro y una cabra y nunca vida pública).

4. Respirar las formas de las nubes.

(Y caminar con los árboles y
tocar el olor de cada flor).

3. Recibir a mis gentes queridas.

(Y cocinar juntas y mirarnos a los ojos y reír).

2. Leer y escribir.

(Y hacerlo sin propósito ulterior).

1. Y compartir, incesantemente, piel a piel.

0.

asombro

Sábado por la mañana.

Leer noticias. Juguetear con los perros. Preparar
el desayuno para los amigos. Abrir la puerta y
recibirlos con abrazos. Y tocarlos, porque no
es cierto que no se deba tocar a los amigos.
Besarlos y mirarlos y quererlos. Servirles el café y
conversar. Redescubrir su consistencia.

Sábado por la tarde.

Releer a Sagan y descansar del bullicio del
mundo. Somos menos que un punto azul pálido.
Causal casualidad. La magnificencia y los vacíos
y la sobreabundancia del universo me dejan sin
aire. La historia de la vida. Los icneumónidos.
Los halcones peregrinos. Entes sin ojos en el
fondo oscuro del mar: no ven, pero emiten luces
multicolores. Agujero negro: hay cosas en el
universo capaces de tragarse una estrella. Y
nosotros con diositos a nuestra minusculísima
imagen y semejanza.

Y sonreír, Sísifo contento, con la noche a cuestas.

las íes cotidianas

Y

Poner los puntos sobre las íes cotidianas, decir
buenos días, buenas noches, sonreírles a personas
extrañas, mirar a los ojos, abrazarse largo y tendido,
dar la cara y recibir otras, besar con todo el cuerpo y
coger con toda el alma y olvidar la dicotomía cuerpo/
alma y comer en compañía y reír mucho y reír
fuerte; y no callar en los momentos decisivos.

Decidir y asumir las consecuencias.

Y sumar. Reunir. Coligar.
Fabular asociaciones impensadas.
Y realizarlas.

Ante todo, nunca aniquilar los vínculos formados:
transformar, de ser necesario, las relaciones con la
paciencia del universo y compasivamente. Rasgar
los tejidos afectivos es tan absurdo como pisotear
una flor que cayó de la planta: aún podemos olerla,
admirarla, ponerla en un florero y cuidarla; o dejarla
ir, a veces no hay otra opción, pero hacerlo sin
violencia, acompañándola incluso en su partida.

Si, ante los precipicios del porvenir, supiéramos
enriquecernos sin añorar de antemano el pasado, la

falsa estabilidad (porque siempre es aparente o trivial
o pasajera). Los espacios tan conocidos y espectrales
del día a día. Las rutinas, las inercias carceleras. O,
al contrario, sin correr ciegamente hacia espejismos
prematuros.

Hacer del salto una terapia:
celebración de la abundancia de la vida.

Dejar, pues, de equivocar los enemigos. De vivir
en posición de firmes. De atar a unomismo a
la familiaridad. Dejar el misoneísmo. Recibir.
Comprender. Acoger. Continuar.

Y

Aprender los secretos del deseo. Recorrer los
caminos acostumbrados y volver a su mirada y
mirarla detenidamente. Y en su mismo rostro de
siempre ver el matiz minimalísimo que, entre ayer y
hoy, mutó: leer las entrelíneas de sus ojos, el cambio
incesante de su piel, verla idéntica a sí misma, la
misma mujer de hace años, dormida anoche a mi
lado, pero verla, hoy, solo hoy, como solo será hoy:
dispar, abordada por veinticuatro nuevas horas de
experiencias, renovadamente virgen y no saber
por qué, quizá porque es un mundo, como dicen
que como somos todos, y cada noche rehacerla y
al día siguiente deshacerla de nuevo y tener que

136

conocerla otra vez, continuamente, regocijado en mi
incredulidad.

Y

Visitar la ciudad y sus recovecos ocultos.
Desordenadamente. En la noche ver una película
cursilona y dejarse sacudir las certezas que nos
sostienen y nos acercan lentamente a la muerte.
O levantarse a media mañana sin ganas de nada
y terminar el día haciendo *canopy* nocturno y
comiendo pollo asado con las manos. En cualquier
esquina. En otro planeta. Con otras máscaras.
Planear el próximo segundo y no la vida entera.

Mirarle el ojo izquierdo, mirarle el ojo derecho,
mirarle los labios y besarla y sonreír. Gozarnos en
las sombras de un parque. Empayasearnos contra
nosotras mismas. Festejar que no somos una suma
cero.

Y

Preferir siempre las personas antes que los
principios, la experiencia a la abstracción. Pensar
y actuar desde los hechos cotidianos y no desde el
mundo imaginario de los ángeles que no somos.
Abrazarnos por deleite y avanzar todas juntas sin

137

celo ni exclusiones ni modelos únicos obligatorios.
Añadir. Multiplicar. Incluir. Cuidar. Cuidarnos. *Nadie
es una isla.* No ser entonces una ni dos, sino muchas.

Y

Solo somos y sabemos lo que sabemos y somos
juntas.

meditación

(inhalar)

(exhalar)

Y hablar. O escribir.

Y preguntarse para qué. Las palabras no se comen.
No sirven para construir una casa. O protegerse del
frío. No es posible usarlas para cruzar un río. O volar.

(inhalar)

(exhalar)

Callarse.
Respirar.

Pero
¿quién escribiría?

La Tierra.
La noche estrellada.
Cualquiera menos unomismo.

(inhalar)

(exhalar)

No tener miedo.
No tener nada.

Nacer.
Brevemente: una ventana de asombro.
Morir.

(inhalar)

(exhalar)

Haber errado el camino.
Haber sucumbido al negocio de las cosas.

Respirar.
Dos, tres veces.

No intentar no intentar pensar.

(Vienen y se van).

(inhalar)

(exhalar)

Unomismo es un soplo sin identidad.
Y decir ser es demasiado.

Buda: la razón del dolor es el apego.

Vivir insatisfechos. Creernos sólidos o eternos.

(inhalar)

(exhalar)

Y sin embargo... ¡Los antojos repentinos!
El budismo es a veces contrahumano.

El agua entre las piedras.
Las tiras de nubes en el cielo.

(inhalar)

(exhalar)

No venimos del polvo. Venimos del agua.
El movimiento y los ciclos del agua.
El agua siempre pasa y queda.

(inhalar)

(exhalar)

No somos los ojos detrás de la ventana.
Tampoco lo que ven del otro lado.
Somos la ventana.

(inhalar)

(exhalar)

Las olas.
Todas diferentes y la misma.

La espuma. La niebla. Quietud.
La arena húmeda. La arena seca.

(inhalar)

(exhalar)

el mundo
extenso
vacío de esencias
vacío de mí
colmándonos

(inhalar)

(exhalar)

Mar abierto bajo el cielo infinible.
Mar de cobalto. El vientre de la Tierra.

Este cerebro ya se acostumbró a mí.
Es decir: "yo" solo soy esa costumbre.

(inhalar)

(exhalar)

La noche.
Un espejo sin rostros.

Ulula un búho.
Silba el viento.

Una hormiga deambula por el suelo.

También las estrellas nacen y mueren.

impermanencia

Sentarme con un Merlot y un Montecristo.

Mirar la tarde, el sol:
ojo blanco detrás de las nubes.

Huele a tierra mojada y caca de perro.

—¿Qué estás haciendo?
—Aquí, feliz, contemplando mi muerte.

olas

        hay mar y hay playa
y arena en ambas

y hay olas

y cada una

lleva un puño
de arena

a la playa

y otro de vuelta al mar

Hay afectos que pueblan mi memoria como si fuesen
viajes de mi vida. De ellos me quedan manojos de
fotografías y un *jet lag* que no cesa nunca.

Son mi paisaje o mi trasfondo.

Sus culpables no saben que andan conmigo a diario.
Y creen (seguramente) que las olvidé hace tiempo. No
podrían suponer que todos los días las pienso, siento
o presiento, quizá solo por un instante, una pizca de
consciencia, en duermevela, o en un aliento: puntos
repentinos sobre las íes cotidianas.

Son vislumbres de la vida vivida, la misma que cargo
a diario como una bolsa de piedras o un féretro.
Porque la vida también son las muertes metafóricas
que sobrevivimos.

Son ángeles y lémures y majestades y sapos y
demonios. Son espectros que duermen conmigo y se
despiertan conmigo.

Y son excusas para hacer el tonto con palabras que
no son del interés de nadie, a no ser por el morbo de
verme desfigurado.

A veces, en las noches solitarias, sueño con reunirlas
en un mismo tiempo, una misma habitación, todas
revueltas en mi cama. Una muchedumbre violentada,
una incongruencia erótica, lo sé. Pero nadie escapa
de sus propios sueños.

Otras veces junto todas sus formas en una sola
persona sin nombre ni rostro y cargada de una
antigüedad irrecuperable: íncubo andrógino culpable
de haberme hecho quien soy, hoy, aquí.

Sus ojos cetrinos, melifluos, negrísimos.
Sus manos blandas, blancas, enérgicas.
Sus muslos firmes, bronceados, delicados.

Surcos cicatrizados en mi cerebro. Sus cuerpos
los sigo viendo y tocando en el museo de mis
remembranzas. A veces me hacen feliz. Como al
rever fotos de mis viajes remotos.

O feliz y triste: como al leer en Cernuda
su sobrehumano propósito
de olvidar el olvido.

Ahí, aquí, la sencillez de mi droga multicolor:

el cielo   azul
las nubes   blancas
los árboles   verdes

Y la brisa en mi cuerpo desnudo.

Mi perrita, inseparable,
al lado de mi meditación.

El jardín. Azahar. Tomillo.
El barullo de los pericos.

Poder percibir y pensar.
Y aprender a hacerlo mejor.

El trabajo coordinado de las hormigas.
Los cuidados de una madre mamífera.
Y el agua fresca en mi garganta.

Amar la vida (sin humanos).
Amar el mundo (humano).

Y amar, incluso, el pasado y el futuro.
(Crear la historia).

Pero habitar el sentido de todo:

      la apariencia multicolor
    la música de las aves
     el sabor a agua del agua
        la piel en otras pieles
las fragancias del jardín

    brevísimo latido

               serenidad

presentación

Si viene, le doy la bienvenida.
Si se va, no la persigo.

Refrán Zen

Y hablar (o escribir).
Con palabras escapo de unomismo
hacia otras que escapan de simismas.

Tengo, por ejemplo, palabras como estas:
"yo", "ella".

A ella, en cambio, ya nunca podré tenerla.
(Tampoco me tengo a mí).

Ayer amaneció conmigo. Hoy no.
Hoy amaneció nublado. Pero clareó a media mañana.

En el espejo hay una sonrisa.

Y de este lado
nosotros: un festín de cuerposvivos liberados.

Es decir, sin miedo.

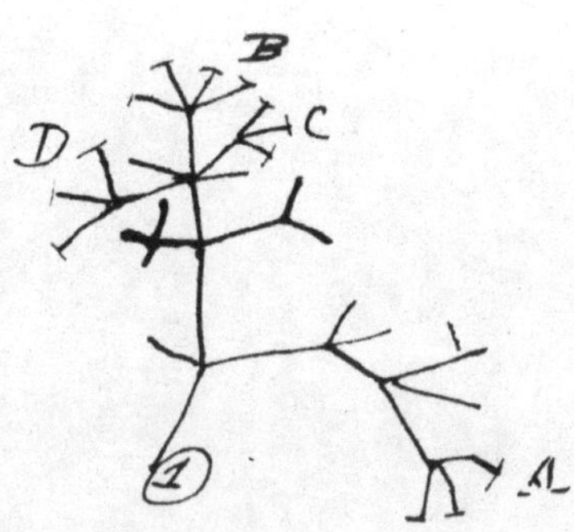

El *"árbol de la vida"*.
Uno de los primeros diagramas evolutivos de Darwin.

Las tipografías utilizadas en este libro fueron creadas por Jorge de Buen Unna (México, 1959. Diseñador gráfico, licenciado en Ciencias de la Comunicación. Maestro en las carreras de Diseño Gráfico y Ciencias de la Comunicación en la Universidad Anáhuac).

Caliente (para los exteriores), fue diseñada para exhibir un diseño muy compacto y caracterizado, claramente distinguible de las fuentes sans-serif condensadas convencionales. Tiene una modulación conspicua y un contraste de medio a alto. Ambas características rara vez se observan entre las fuentes ordinarias de su tipo. Conserva su fuerte personalidad incluso en tamaños muy pequeños.

Unna (para los interiores), es una letra amable, cuyo carácter se expresa a través de suaves remates así como un intenso contraste, ocasionando la típica textura vertical de las fuentes neoclásicas. *Unna* es el apellido de la madre del diseñador.

www.ingramcontent.com/pod-product-compliance
Lightning Source LLC
Chambersburg PA
CBHW012011110726
47992CB00013B/3381